AF279624

Lyrische
Friedensgedanken

Lasst uns an den Händen halten und für den Frieden einstehen. Es geht nicht darum, auf einer Seite zu stehen. Es geht nur darum, die Waffen ruhen zu lassen und damit dem Frieden eine echte Chance zu geben, sich entwickeln zu können.

Ich finde: Unsere Erde hat den Frieden verdient. Wie siehst du das? Findest du nicht auch, dass es endlich Zeit ist, dass wir Menschen weltweit herausfinden, wie schön der Frieden ist? Warum haben wir noch keinen Weltfrieden? Ich glaube, dass unser Geist die Ursache für Krieg und Frieden ist. Würden mehr Menschen an den Frieden glauben und in sich den Frieden zum Leben erwecken, dann wäre mehr Frieden. Unsere Gedanken machen die Welt, in der wir leben. Genau deshalb gibt es die lyrischen Friedensgedanken.

Zeitgeist

Friedensverse
Der heiligen Erde
Säen ein neues Erbe
Für die Zukünftigen.

Der wahre Sinn
Liegt im Gewinn
Des friedlichen
Sieges.

Wir wollen leben
Und Liebe geben
Und nicht flehen
Um unsere Leben.

Frei sein,
Ohne zu weinen,
Weil Granaten fallen
Und Bomben hageln.

Dafür stehen wir
In ewiger Solidarität,
Vereint zu jeder Zeit
In wahrer Freiheit.

Weltfriedensraum

Der Raum
Des Friedenstraums
Baut wahre Liebe auf.

Die Liebe des Lebens
Besteht im Geben und
Dankbarem Annehmen.

Betroffen zu hoffen
Ist stumpf; besser sich
Selbst übertroffen,
An die Tür des Friedens klopfen.

Der Fluss des Lebens fließt
Und gießt und nährt das Biest
Wilder Friedensenergie.

Wieder der Raum.
Lyrischer Weltinnenraum.
Mögen lebendige Dichter
Endlich den Frieden aufbauen
Und nicht nur Worthülsen schaukeln.

Feiern und tanzen

Dort wo der Frieden beginnt,
Lacht jedes Kind.
Dort wo Frieden ist,
Ist Gewinn.

Kinder wollen lachen
Mit tausend Spielsachen.
Kinder wollen Träumen
In sicheren Räumen.

Die Leute wollen tanzen
Und betrunken wanken.
Die Leute wollen feiern
Und sich wild besteigen.

Alle Menschen hoffen
Auf einen besseren Morgen.
Alle Menschen wollen,
Dass wir uns zusammen trollen.

Denn wenn der Frieden ist,
Ist das der Lichtblick
In dieser kalten Welt
Aus endlosem Geld.

Wegen unserer Kinder

Weil Kinder spielen,
Brauchen wir Frieden,
Damit sie noch in
Tausend Jahren spielen.

Weil Kinder lachen,
Müssen wir ihn erschaffen,
Denn der Kinder Lachen
Soll erstarken.

Weil Kinder lieben,
Wollen wir in Frieden
Diese Erde befrieden,
Damit sie weiter lieben.

Weil Kinder träumen,
Wollen wir räumen
Jedes Minenfeld und
Verbannen alles Kriegsgerät.

Weil Kinder hoffen,
Wollen wir uns öffnen
Für eine bessere Welt,
In der ewiger Frieden weht.

Einfach frei sein

Frieden blüht
In Herz und Gemüt.
Frieden klingt
In Kinderringen.

Eine frische Zeit
Mit neuem Kleid,
In der wir tanzen
Und lachen.

Wo Frieden ist,
Lacht jedes Gesicht.
Wo Frieden bleibt,
Will ich sein.

Wenn wir tanzen
Und Glück pflanzen.
Wenn Frieden bäckt
Und Hoffnung wächst.

Wenn Menschen heilen
Und sich einfach streicheln.
Dann können wir sein
Einfach frei

Das Paradies

Frieden winkt
Dem Glückskind
Und er beginnt,
Wenn wir
Zusammen sind.

Frieden wartet
Im grünen Garten
Auf jene, die im
Herzen stark.

Frieden lacht
Mit neuer Kraft
Und er erschafft,
Was wahrhaft.

Frieden tränkt
Jedes Geschenk
In neues Licht
Und lenkt uns
Ins Paradies.

Der Dichter

Liebesgedichte
Und Friedenslieder
Schreibe ich bis
Zum letzten Atemzug.

Das Friedenslicht
Entzünde ich und
Trage es in jeden
Winkel der Welt.

Jeden Tag schreibe ich
Ein Friedensgedicht
Und ich hoffe, ich
Erreiche dich damit.

Denn was uns eint
Und verbindet,
Ist der Glaube und
Die Liebe zum Frieden.

Auf das wir uns finden
In meinen Worten und
In den Momenten
Wahren Friedens.

Weltfrieden

An nur einem Tag
Wird der Weltfrieden wahr.
An nur einem Tag
Kamen wir uns nah.

Nie wieder Hass.
Nie wieder Krieg.
Nie wieder Angst
Voreinander.

Wir tragen die Samen
Und alten Gaben.
Wir schüren das Feuer
Ewiger Treue.

Hier geschritten
Im ewigen Frieden.
Hier gewandelt
In heiliger Wahrheit.

Ergreift die Macht
Des Weltfriedens.
Lebt den wahren
Weltfrieden.

Nur einen Schritt

Er wartet
Seit Jahren.
Wir Narren
Verschlafen.

Frieden ist
Gewiss,
Wenn wir
Ehrlich sind.

Frieden kommt
Angeflogen,
Wenn wir
Vergeben.

Frieden erscheint
Einfach rein
Und macht reich
Unser Sein.

Frieden beginnt
Hier und jetzt,
Wenn wir singen
Und klingen.

Wiederholung

Braunblaue Scheiße
Marschiert und
Wir werden
Wieder massakriert.

Pädophile Priester
Predigen streng
Und wir müssen
Wieder wegen unserer
Erbsünde flennen.

Die Fabrikbesitzer
Kürzen den Lohn
Und zeigen uns
Voll blankem Hohn
Ihre Luxusschlitten.

Das Parlament
Wird Geschmiert.
Sie sind so korrumpiert,
Dass es jeder kapiert
Und trotzdem nichts
Passiert, weil das Volk
Zu feige ist, sich zu beschweren.

Chill mal?

Müßiggang und chillen,
Während sie Menschen
Mit Maschinenpistolen grillen?

Lustig ins Kino gehen,
Während sie Menschen
Mit Raketen niedermähen?

Auf ein Bier mit Freunden treffen,
Während die Bomben
Kinder niederstrecken?

Wir können einfach
Die Kriege und den Terror
Der Fundamentalisten ignorieren,
Bis sie vor unserer
Tür aufmarschieren und
Uns alles verbieten und
Uns zwingcn, vor ihncn
Zu kapitulieren.

Wankelmut

Kleine Ziele.
Große Träume.
Ewiger Frieden.
Freiräume.

Wahre Pfade.
Treue Seele.
Lichte Tage.
Endlose Wege.

Harte Wahrheit.
Toter Mond.
Fehlende Klarheit
Entthront.

Spiegelbilder
In der Fremde.
Warnschilder.
Blutige Aufstände.

Ferne Türme.
Katastrophen.
Erlösende Stürme.
Ein rettendes Floß.

Weiß

Die Tauben fliegen
In weißen Farben.
Wild flattern
Die weißen Fahnen.

Kein Blut
Tränkt sie rot.
Alle haben
Genug Brot.

Glück wartet
Im Garten.
Der Sieg erlöst
Vom Warten.

Tage aus
Blechernem Stein.
Jahre fern
Hinter der Pein.

Ein Lächeln
Befreit die Welt.
Alle bekommen
Ausreichend Geld
Und jedes Kind lacht
An jedem einzelnen Tag.

Pfad des Friedens

Für Frieden leben
Und nach einer
Besseren Welt streben.

Ganz einfach
Tag ein und Tag aus.

Weil Kinder lachen
Mit ihren Spielsachen
Müssen wir Erwachsenen
Mit aller Kraft,
Den Frieden bewahren.

Wir haben keine Wahl,
Denn Krieg ist Qual.
Da ist kein anderer Weg
Außer dem Friedensweg,
Der zum Glück führt.

Frieden leben
Auf all unseren Wegen
Und danach streben und
Niemals aufgeben.

Verloren

Doch wieder Krieg
Überall auf der Welt.
Doch wieder Blöcke,
In die sich die Welt gruppiert.

Wir hatten Frieden,
Aber ließen ihn ziehen.
Wir hatten Glück,
Doch es ist verflogen.

Die Scheiße reicht
Wieder bis zum Hals
Und wir streiten uns
Um Kleinigkeiten.

Lügen und betrügen,
Dass sich die Bretter biegen.
Die Abgeordneten lassen
Sich für alles schmieren.

Ach waren die Jahre schön,
Als alles gut lief.
Ach wie kriegen wir zurück,
Was bringt friedliches Glück?

Wie dumm können Menschen sein?

Dort wo Nazis wieder marschieren,
Werden wir alle verlieren.
Wir werden sterben wie die Fliegen
Und bitterlich krepieren.

Einfach aufgewacht
Und kapiert, dass fast jeder vierte
Deutsche wieder die Nazis
Wählen will.

Kann ein Volk dümmer sein?

Sie reden von der Herrenrasse.
Doch guckst du dir diese Typen an,
Sind alle fett, dumm und degeneriert,
Aber sie glaube wirklich,
Dass sie eine höhere Rasse sind.

Der zweite Weltkrieg
War nur zu verlieren.
Es gab keine Chance,
Für die Deutschen zu gewinnen.
Nur strategische Narren
Haben daran festgehangen.

Wieder wählen sie rechts
Und glauben sie sind im Recht.
Sie geben anderen die Schuld,
Weil es bei ihnen schlecht läuft.
Statt in die Hände zu spucken
Und sich anzustrengen,
Wollen sie lieber Asylantenheime abbrennen.
Armes, dummes Deutschland!

Kalte Uniformen

Ohne Worte
Morden.
Ohne Gnade
Erschlagen.

Soldaten kamen
Und nahmen
Alles, was Wert besaß.
Sie folterten die Männer
Und vergewaltigten die Frauen.
Die Kinder nahmen sie mit
Und haben sie in Lager gesteckt,
Um sie umzuerziehen.

Gepanzert und
Bewaffnet haben sie
Alle abgeschlachtet.
In Reih und Glied
Sind sie einmarschiert
Und ließen keinen Stein,
Auf dem anderen stehen.

Friedenskinder

Im Frieden
Weht der Wind
Um ein glückliches Kind.

Es spielt
Auf den Wiesen,
Die frei sind von Minen.

Es schwimmt
Im großen Meer
Ohne kritische Bürgerwehr.

Es trifft
Seine Freunde
Ohne jegliche Reue.

Es sammelt
Kastanien und Nüsse
Und isst des Waldes Früchte,
Denn Mensch und Natur
Sind gesund.

Es einfach tun

Worauf warten?
Lasst uns den
Frieden wagen.

Sich einfach trauen
Und den Frieden
Aufbauen.

Wir können
Sofort starten und
Den Frieden anfangen.

Wir können siegen
Mit dem lebendigen
Frieden.

Also worauf warten?
Lasst uns den Frieden
Endlich wahr machen!

Für dich

Weil ich dich liebe,
Wähle ich den Frieden.
Denn solange die Idee
des Krieges lebt,
Solange bist du nicht sicher.

Krieg ist gefährlich.
Krieg ist tödlich.
Krieg ist überflüssig.

Eine Welt ohne Krieg
Wünsche ich mir für dich.
Eine Welt im Frieden
Baue ich für dich.
Eine Welt wahrer Liebe
Erinnert mich an dich.

Weil ich will,
Dass du lachst,
Will ich Frieden schaffen.
Weil ich will,
Dass du glücklich bist,
Entzünde ich das Friedenslicht.

Wenn ...

Wenn die Soldaten marschieren
In Reih und Glied.
Wenn das Fernsehen
Von den Paraden des Militärs erzählt.
Wenn jungen Männer
Rekrutiert werden, dann wissen wir,
Bald werden viele sterben.

Wenn die Ausgaben fürs
Militär explodieren.
Wenn die Armeen
Alles kriegen.
Wenn sie wieder endlos
Panzer und Flugzeuge produzieren,
Dann wissen wir, der Krieg ist nah,
Wenn nicht sogar schon da.

Wenn wieder Mütter weinen
Über den Leichen oder
Gar über leeren Särgen.
Wenn die Erde sich
Blutrot tränkt und Volk gegen Volk kämpft,
Dann wissen wir Hunger und Seuchen
Werden uns erdrosseln oder
Schlimmeres uns ereilen.

Wir sind entschlossen

Weder Bomben
Noch Raketen
Haben die Macht,
Uns die Liebe
Zu nehmen.

Kein Diktator
Der Erde wird
Es schaffen,
Dass wir uns
Alle hassen.

Wir sind Kinder
Der Liebe und des Friedens.
Wir sind die Blumen
Dieser Erde.

Wir lassen nicht zu,
Dass Terror und Gewalt
Unsere Herzen in
Stein verwandeln.
Wir lassen nicht zu,
Dass die Kriege uns zu
Ewigen Feinden machen.
Wir lassen nicht zu,
Dass sie uns Glauben
Und Hoffnung nehmen.
Wir lassen nicht zu,
Dass sie für immer
Über uns regieren.

Alles

Alles was wir suchen,
Finden wir im Frieden.
Alles was wir brauchen,
Lebt im Frieden.

Alles was wir sind,
Wird im Frieden überstehen.
Alles was wir träumen,
Kann im Frieden blühen.

Alles was ist,
Wählt den Frieden.
Alles was kommt,
Zieht zum Frieden.

Alles was uns bleibt,
Ist der Frieden.
Alles was uns heilt,
Ist der Frieden.

Alles was wir schaffen,
Sollte Frieden sein.
Alles was wir machen,
Ist im Frieden glücklich feiern.

Friedensliebe

Friedensliebe.
Liebe zum Frieden.
Finden wir
Gleichgesinnte
Und dann tanzen
Wir in den Sonnenuntergang.

Harmonie im Frieden.
Friedensharmonie.
Einfach am Strand liegen
Und Cocktails schlürfen.
Wir sind frei,
So weit der Horizont reicht.

Hier ist Frieden.
Einst war Krieg.
Jetzt können wir leben,
Damals sind sie gestorben
Wie die metaphorischen Fliegen.

Ich singe dir
Mein Friedenslied
Und genieße, wie du mir
Lauscht und dein Becken
Zum Rhythmus rauscht.

Hammer

Frieden
Ist nur ein ferner Traum
In einer Welt, in der
Menschlicher Abschaum
Mordet und vergewaltigt.

Leichenäcker
Mit geschändeten Gliedern
Von Mann und Frau.

Waise und
Kriegsversehrte,
Deren Psychen leiden
Bis ans Ende
Ihrer Zeiten.

Brandbomben und ABC.
Sie tun so vielen weh.
Hass und Parolen
Haben uns den Frieden gestohlen.
Sorgen und Probleme
Warten auf des Krieges Wegen.
Angst und Panik
Mit der Waffe im Genick.

Der Mensch bist du
Und mittendrin.
Nur du fühlst,
Was du wirklich bist
In dieser Welt des Wahnsinns.

Todgeweihte grüßen

Fackelumzüge
Und Trommelstürme.
Schwere Stiefel.
Geschulterte Gewehre.

Sie marschieren
In ihren Tod.
Ihre Parade ist
Ein Schaubild
Lebender Leichen.

Mit Schützengräben
Gegen Raketen.
Mit einem Zug
Gegen ein ganzes Bataillon.
Arme irre Todgeweihte.

Ihr einziger Ausweg
Ist ihr Tod oder
Ein abgerissenes Bein
Oder schlimmeres.

Doch jetzt
Stehen sie stolz da,
Als wäre das ein
Anderer als
Ihr Todestag.

Schrei es raus

Trage dein
Herz auf der Zunge
Und ducke
Dich niemals weg.

Die Hetzer
Des Krieges prahlen.
Sie warten
Auf jede Schwäche,
Um sie auszunutzen.

Sprich laut
Für Recht und Gesetz.
Nutze jeden Chat
Für echte Wahrheit
Im Kampf gegen die
Verschwörungstheorien.

Alkoholisierte Alpträume

Lachende Kinder
Spielen am Strand.
Tausend Schilder
Zeugen vom Kampf.

Dort wo Liebe ist
Und Familien leben,
War einst Hass
Und Todesreben.

Das Land geteilt
Hinter einer Mauer.
Das Volk vereint
In tiefer Trauer.

Was war, ist vorbei.
Es scheint eine neue Sonne.
Erinnerungen bleiben.
Blutleeren Tonnen.

Die Mauer fiel
Und Gräber verschwanden.
Die Gefahr rief,
Als neue braune Horden erschienen.
Kennt das Volk
Diesmal den wahren Feind
Und wird kämpfen
Gegen die braune oder blaue Brut?

Laut oder leise

Mit leisen Schritten
Kommt der Frieden
Und doch können
Wir ihn auch ertrommeln.

Ob mit zartem Wispern
Oder lautem Geschrei,
Der Frieden war
Niemals weit entfernt.

Leider verfehlten
Unser Ahnen und
Wir ihre Nachfahren
Müssen das Erbe ertragen.

Bücher voll Blutvergießen
Sind nicht mehr zu genießen.
Doch sie sind die Wahrheit
Unserer Spezies. Sie sind
Die Geschichte dieses Planeten.

Leise Schritte.
Eine Bitte in der Mitte
Unserer Herzen.

Die Tragik des Krieges

Das Gespenst
Des Krieges
Kennt keine
Sieger.

Die Gräuel
Des Mordens
Rauben den
Morgen.

Soldaten kamen
Und vergewaltigten.
Sie hinterließen
Leid und Samen.

Panzer rollen
Über die Äcker.
Jetzt ist es totes Land,
Auf dem nichts mehr wächst.

Stumpfe Massen
Folgen den Führern
Und glauben
Deren Lügen.
Als Lohn winkt
Ihr Untergang und
Toter Neuanfang.

Konfrontationskurs

Frieden
Mit harten Zügen.
Frieden
Aus scharfen Zungen.

Die Kriegshetzer
Zu entlarven,
Ist ein riskantes Spiel.
Die Menschenhändler
Zu konfrontieren,
Ist gefährlich.

Frieden zu erwirken,
Ist kein Kuschelkurs.
Im Kampf um Frieden
Werfen sie nicht mit Wattebällchen.

Es gibt brutale Kriegsverbrecher.
Es handeln tausende
Vergewaltigende Menschenhändler.
Die moderne Sklaverei
Hält mehr Menschen gefangen
Als die Antike.
Wer glaubt, das es besser
Geworden ist, lebt in
Einer Traumwelt.

Aber die harte Wahrheit
Ist kein Grund aufzugeben.
Mit Mut und Stärke
Werden wir den Frieden weben.

Kriegsdrama

Drama.
Voller Sarg.
Karg,
Was sich verbarg.

Hinter den Frontlinien
Fanden sie Leichen,
Die Folterspuren aufweisen
Und sie trafen Frauen,
Die vergewaltigt wurden.

Dramen kamen
Und enden nicht.
Särge füllen sich
Und es ist kein Ende in Sicht.

Treue in der Reue.
Schmerz über
Verlorene Erben.
Einsamkeit bleibt
Nach dem Kriegsleid.

Friedensreich statt Friedrichs

Aus Friedrich
Wird Friedensreich.
Aus Siegfried
Der Friedenssieg.

Wir streifen
die Vergangenheit ab
Wie eine Schlange ihre Haut.
Wir lehnen alles aus ihr ab,
Was mit Krieg, Aristokratie
Und Diktatur zu tun hatte.
Alles!

Nur das Friedliche,
Harmonische und
Freundschaftliche
Behalten wir.

Eine bessere Zeit beginnt,
Indem man die Fehler
Der alten Zeit hinter sich lässt.
Eine friedlichere Zeit beginnt,
Indem man die Fehler
Der Vergangenheit nicht wiederholt.

Einfach

Einfach nur siegen durch Frieden,
Mehr müssen wir nicht hinkriegen.

Lasst einfach das Hassen
Und fangt an zu lachen,
Dass wird Frieden schaffen.

Einfach umdrehen
Und vom Schlachtfeld gehen,
Wenn das alle tun,
Kann keiner Krieg führen.

Einfach überlegen,
Wie wir auf friedlichen Wegen
Eine bessere Welt erstreben
Und dann alles geben,
Bis wir sie erleben
Und sie für immer fortbesteht.

Einfach gesagt.
Einfach getan.
Einfach den Frieden
Wahrgemacht!

Blumen blühen

Frei sein,
Kannst du nur im Frieden.
Wahre Freiheit
Wird es nur im Frieden geben.

Sieh der Wahrheit ins Gesicht
Und dann lebe sie.
Du bist ein sterbliches Licht,
Das vergänglich ist.

Friedensblumen blühen
Auf ehrlichen Zungen.
Der Krieg blüht
Durch die Korruption.

Wir tragen unsere Last.
Jede:r hat es schwer.
Doch der kriegerische Hass
Ist das schwerste Los.

All werden sterben,
Wenn wir nicht endlich lernen,
Den Krieg für immer
Zu beerdigen!

Dumme Narren

Wenn Frieden der Weg,
Wozu gibt es dann Krieg.
Am Ende des Kriegs wartet der Sieg,
Aber wozu brauchen wir erst Krieg?

Sinnlosigkeit im Streiten.
Sinnlos gemetzelte Leiber.
Weinende Kriegsweiber.
Verstummte Kriegslieder.

Sorge und Kummer
Liegen unter Trümmern.
Es gibt kein Futter,
Weder hier noch auf dem Kutter.

Die alte Mühle
Verfeuert die Stühle
Und verrührt
Die Lederschuh.

Narren waren sie
Und glaubten an den Krieg
Und den legendären Endsieg.
Nun haben sie gekriegt,
Was alle Dummköpfe kriegen
Und erlebt, wie alles niederliegt.

Traumsänger

Ich träume
Vom Frieden ein Leben lang.
Ich räume
Ihm jeden Gedanken ein.

Wilde Vögel fliegen
Ohne Grenzen.
Kleine Kinder siegen
Nur mit einem Lächeln.

Das offene Tor
Führt ins gelobte Land.
Ein offenes Ohr
Ist ein wahres Paradies.

Dort wo Liebe ist,
Wächst das Vertrauen.
Dort wo Hoffnung ist,
Können wir aufbauen.

Ich singe
Ein altes Friedenslied.
Ich ringe
Mit seinem traurigen Sinn.

Kullerbuller

Friedensbrühe
Gerührte Mühe
Schon in der Frühe
Frieden geschürt.

Friedensbrabbel
Mit vollem Sabbel
Täglich Frieden schaffen
Und drüber plappern

Friedensfliegen
Sind nicht tot zu kriegen
Und sie siegen
Mit ewigem Frieden

Friedenskleber
Ist ein Arbeitgeber
Für alle Weber
Des Lebens

Friedensrost
Im Apfelmost
Denn wer Frieden kostet,
Wird nicht rosten

Liebe

Wenn dein Herz
Im Frieden blüht,
Kannst du spüren,
Was Liebe tut.

Denn Liebe heilt
Und sie treibt
Die Welt zu
Höchstem Glück.

Und Liebe vereint
Dich mit dir selbst
Und anderen Liebenden,
Um glücklich zu sein.

Liebe ist das Geschenk
Wahren Friedens.
Sie ist wahres Recht,
Wenn auch ungeschrieben.

Liebe führt dein Herz
Aus allem Schmerz
Und leitet dein Leben
Auf heile Wege.
Nur im Frieden
Kann sie blühen.

Ewiger Krieg

Ich zähle die Tage
Und es werden Jahre,
Die zu Jahrhunderten werden,
Seit denen kein Tag
Ohne Krieg auf Erden.

Menschen kämpfen
Um allen scheiß
Und schlagen sich
Die Köpfe ein.

Immerzu siegt die Wut
Und tränkt die Erde mit Blut.
Am Ende sind die Männer tot
Und neue Frauen werden
Systemisch vergewaltigt.

Seit über tausend Jahren
Hat es wohl keinen Tag gegeben,
An dem nicht Krieg auf Erden.
Werden auch wir
Im Bombenhagel sterben?

Krieger der Dunkelheit

Friedenskrieger
Gibt es nicht.
Denn der Krieg
Verschluckt das Licht.
Doch es gibt
Krieger des Lichts,
Wie ein altes Buch
Uns verspricht.

Doch gibt es nicht
Auch Frieden im Dunkeln?
Wollen wir nicht nachts munkeln
Und uns küssend befummeln?

Auch die Nacht
Gehrt nach Frieden,
Um in wilden Trieben
Wildere Partys zu schmeißen
Und sich gegenseitig aufzureißen.

Wahre Werte

Friedensverse
Sind mein Erbe,
Denn ich glaube
An eine bessere Erde.

Ja ich bin ein Gläubiger
Und ewiger Träumer,
Der an den Frieden glaubt
Und von Harmonie träumt.

Diese Welt
Glaubt an ihr Geld.
Aber sie verhält
Sich oberflächlich.

Der wahre Wert
Liegt in unserem Herz.
Dort entsteht auch der Schmerz
Aus gierigem Begehr.

Wie wir sehen,
Wie wir glücklich leben
In wahrem Frieden.

Können wir einen
Besseren Weg wählen?

Friedensglück

Der Frieden
Lohnt sich,
Denn er zaubert
Dein lachendes Gesicht.

Im Frieden
Winkt der Sieg
In Form
Reiner Harmonie.

Denn Frieden ist
Das Lebensglück,
Das kommt
Stück für Stück.

Wo Frieden weilt,
Ist Liebe nicht weit.
Denn wie eine Frucht
Muss die Liebe reifen.

Lebe den Frieden
Auf all deinen Wegen.
Lass ihn nie los
Für den Rest deines Lebens!

Sputnik

In den Träumen
Der Kinder
Finden wir
Heile Räume.

In den Wellen
Der Ozeane
Fliegen die
Alten Welten.

Am Ende der Schlacht,
Wenn der Rauch
Verflogen, wartet
Ein neuer Tag.

Kunde aus
Der Ferne,
Finden zu
Neuer Stunde.

Reihen ohne
Weise Schützer.
Klamme Reue.
Tote Krone.

Wir beide

Ich finde dich,
Wo immer du bist
Und dann entzünden wir
Das Friedenslicht.

All die Bilder der Kriege
Haben wir gesehen
Und mitgefühlt, wie schwer
Ihr Kummer wog.

All die Geschichten
Aus den Kriegen
Haben wir gelesen und
Verstanden welche Schande
Diese Gräuel für unsere Spezies sind.

Zwei wie wir sind Träumer.
Wir träumen von dem Ende
Des Krieges und der Folter
Und wir träumen von
Einem besseren Leben
Für alle Wesen hier auf Erden.

Friedensjäger

Friedensjäger
Jagen jeden Moment,
In dem wahres Glück steckt
Und genießen ihn.

Was lässt sich besser genießen
Als der Frieden?
Wodurch wird mehr Glück sprießen
Als durch den wahren Frieden?

So jagen sie Tag und Nacht
Und lassen niemals
Ruhen ihre Wacht,
Denn ihre Suche ist
Ihr ganzer Lebenssinn,
Weil sie Jäger des Friedens sind
Und die ganze Welt absuchen
Nach dem Frieden und
Wenn sie ihn finden,
Dann wollen sie ihn genießen.

Nimmermehr

Ich will nicht leben,
Ohne mit allem was ich bin,
Nach Frieden zu streben.

Ich will nicht atmen,
Mich nicht regen,
Außer es dient dem Frieden.

Ich will nimmermehr lachen,
Solange tausend böse Sachen
Menschen psychisch
Kaputt machen.

Diese Welt mit ihrem Luxus
Und dem endlosen Geld
Kann mehr als Fanatismus
Und emotionale Kälte.

Ich glaube an die Wärme
Unserer aller Herzen.
Ich glaube, dass wir können,
Wenn wir nur wirklich wollen.

Und ich glaube, dass wir müssen,
Um nicht an Gewehrschüssen
Tödlich zu verunglücken.

Macht!

Wandel braucht Zeit.
Nur Wandel reicht
In den Krieg oder
Ins Friedensreich.
Wer bestimmt, wohin
Sich die Welt dreht?

Sind es nicht wir,
Die durch unsere Taten
Die Zukunft gestalten?
Liegt es nicht in unserer Macht
Was wir erschaffen und
Was wir aus dem machen,
Was wir zur Verfügung haben?

Wir sind die
Auserwählten.
Wir sind die
Fähigen.
Wir sind die
Mächtigen
Und wir sind die
Verantwortlichen.

Alles ist da

Der Wind trocknet unsere Tränen.
Der Himmel hört unser Leid und
Die Sonne hüllt uns wärmend ein.
Aber die ganze Natur fragt sich schon,
Wie lange wir Menschen noch
So weiterleben wollen.

Die Natur hat uns alles gegeben
Und sie gibt uns immer mehr
Für ein glückliches, friedliches Leben.
Doch wir vermasseln es in einer Tour
Mit Aggression und Narzissmen
Und haben dann alle das Nachsehen,
Wenn Bomben, Gas und Hass
Wieder kriechen und uns versiechen.

Des Baumes Dach spielt im Wind.
Klar scheint der Mond im See.
Magisch spielt das Windkind
Mit unserer Fantasie und das
Sonnenlicht bricht wunderschön
Und zaubert Regenbögen.

Friedenswasser

Ich trinke vom Wasser des Friedens
Und lasse es durch meinen Körper rieseln.
Es sprudelt im wilden Dusel
Und bildet magische Strudel.

Wie ein Bach plätschert
Das Nass des Friedens dahin
Und wie ein Kind
Steh ich auf einer Brücke
Und sehe den friedlichen Forellen zu,
Die ihr kleines Spiel üben.

Aus dem Rinnsal
Wird ein mächtiger Strahl.
Zu einem wilden Strom
Schwillt das kleine Wasser des Friedens
Und fliegt in kühlen Flügen
Wässrig über Stock und Stein
Bis in den Ozean des Weltfriedens hinein.

Voll wollen

Frieden kommt,
Wenn wir bereit sind.
Ist der Frieden
Noch nicht da,
Dann weil wir
Menschen noch zu sehr
Von Nebensächlichkeiten träumen.

Wenn wir wirklich
Zu einhundert Prozent
Frieden wollen,
Dann wird er kommen.
Ist er noch nicht da,
Dann weil wir noch zu viele
Andere Dinge wollen.

Wir könnten Frieden haben
Und uns in grenzenloser Freiheit laben.
Wir könnten sicher sein
Und uns über alles freuen.
Wenn wir es noch nicht sind,
Dann weil wir zu sehr
Mit anderen Dingen beschäftigt sind,
Statt uns voll auf Freiheit
Und Sicherheit zu konzentrieren.

Ein kleiner Frieden

Kleiner Frieden
Zwischen Pyramiden,
Wie wir schmieden
In Harmonie.

Freiheitsreich
Ohne Deich.
Nackt und reich.
Erleuchtet.

Friedenskinder
Sind Erfinder
Einer besseren Welt
Ohne Geld.

Kleiner Frieden
Wird gewinnen,
Weil Kinder
Lustig spinnen.

Der kleine Frieden siegt
Gegen allen Krieg
Und fliegt in jeden Winkel
Dieser Welt.

Zerrissene Kleider

Tränen kleben
An ihrem Kleid.
Speichel benetzt
Seine Lippen.

Seit Jahrtausenden
Nehmen sich Soldaten
Die Frauen in den
Eroberten Gebieten.

Diese Wahrheit ist hart
Und sie ist doch wahr
Damals wie am heutigen Tag.

Das Leid der ermordeten Männer
Und das Leid ihrer hinterbliebenen Frauen.
Krieg sät Leid
Und der alte Greis
Singt das traurige Lied.

Kanonendrohnen

Frieden fliegen.
Kriege lügen.
Tote schmoren
In den Krematorien
Der Todeslager.

Frieden siegt.
Kummer summt
Um die Welt
In den Ohren
Der Bedrohten.

Freiheit weist.
Probleme leben
In allen Winkeln
Unter dem Himmel
Und Menschengewimmel.

Freiheitszeit.
Viele fliehen vorm Krieg
Und finden nie wieder
Ein Heim.

Tausend Jahre

Tausend Jahre
Und kein Jahr Frieden.
Unsere Waffen
Sind jetzt so weit,
Dass wir keine
Weiteren tausend Jahre
Als Spezies überleben.

Auf der Kippe.
Am Rand der Klippe.
Vor dem Kipppunkt.
An einem tiefen Abgrund.

Davor stehen wir Menschen.
Davor stehen die Kinder
Von morgen und übermorgen.

Jede Hand wird gebraucht,
Um den Frieden aufzubauen.

Jede Stimme, jeder Atemzug,
Jeder Augenblick und ganz
Besonders du!

Kriegsfragen

Werden wir uns wiedersehen,
Wenn der Krieg
Durch unser Land fegt?

Werden wir uns vermissen
In den Schlachten
Um Freiheit?

Werden wir Freunde bleiben,
Wenn die Demagogen
Ihr krankes Spiel treiben?

Werden wir überleben
Unter dem Bombenterror
Der Kriegsmaschinen?

Werden wir erwachen
In einem Land voll Hass
Und feuerbereiten Waffen?

Friedensbringer

Wege ins Glück
Sind Wege
In den Frieden.

Hass und Missgunst
Vergiften das Herz
Und säen Schmerz
In allen Winkeln der Welt.

Gier und falscher Neid
Erzeugen Leid
Und zersprengen
Unsere Gesellschaften.

Wege zu sich selbst
Sind Wege zum Glück,
Denn wer mit sich
Selbst zufrieden ist,
Der trägt den Frieden
In die Welt.

Täter und Nicht-Täter

Ihr versteht es
Und versteht es doch nicht.
Obwohl ihr und die ganze Welt weiß,
Wie wichtig der Frieden ist,
Zahlt ihr nicht seinen Preis.

Alle wissen,
Dass wir nur im Frieden überleben,
Doch kaum eine:r will
Sein oberflächliches Leben aufgeben
Und wirklich nach dem Frieden streben.

Wer Sinnlosigkeiten
Wie TV und Social Media bevorzugt,
Der stärkt die Strukturen,
Die den Krieg fördern.
Aber wer den Frieden will,
Muss mehr geben
Und bereit sein,
Das oberflächliche Leben aufzugeben,
Um wirklich nach Frieden zu streben
Durch Friedensaktivitäten.

Hisst die Fahne

Immer nur Frieden
Und nie wieder Krieg
Haben wir auf die
Fahnen geschrieben.

Wir reihen uns ein
In den Strom der Leute,
Die für eine bessere
Welt marschieren.

Nein wir marschieren
Nicht wie Soldaten.
Denn wir marschieren
Als friedliche Herzen.

Wir wollen nicht morden,
Plündern und vergewaltigen.
Wir wollen uns lieben,
Beschützen und füreinander
Da sein.

Wir schwenken die Fahne
Des Friedens an jedem Tag,
Der noch kommen wird!

Suchen und finden

Frieden finden
Im Gewimmel
Zwischen tausend
Menschen.

Frieden fühlen
Und sich selbst
Wieder spüren,
Wenn die Taubheit
Verflogen.

Frieden sammeln
Und verbannen
Das Hassen.

Frieden säen
Auf den leichten
Und den steinigen Wegen.

Frieden wartet
In jedem Garten
Und er erwartet dich,
Damit du glücklich bist.

Wider deren Lügen!

Links und Rechts
Machen jeden zum Knecht.
Wer denen folgt,
Wird am Ende
Von ihnen verfolgt.

Links und Rechts
Sind ungerecht.
Sie machen die
Ganze Welt schlecht.

Frieden wird nur kommen,
Wenn wir die Idee überwinden,
Dass es rechte und linke Lager gibt,
Genauso wenig gibt es die Mitte.
Wir sitzen alle im selben Boot.
Wir sind alle gut genug.
Das ist der Weg,
Auf dem kein
Links-Rechts-Denken fortbesteht.
Denn Freiheit ist
Unser Weg!

Ziele

Nie wieder Krieg.
Nie wieder Terror.
Nie wieder Gewalt.
Das ist mein Ziel.
Was ist deins?

Sind wir nicht müde
Von den Nachrichten,
Die pausenlos über
Katastrophen berichten?

Sind wir es nicht leid
Zu sehen, wie so viele
Unschuldige sich quälen
Und ihre Kinder weinen?

Sind wir nicht reif
Genug, das Elend endlich
Zu vertreiben aus
All unseren Reichen?

Was ist dein Ziel?
Wovon träumst du nachts?
Und woher nimmst du die Kraft,
Es wahrzumachen?

Tot oder lebendig

Freude
Im Frieden
Liebe
Im Frieden

Morde
Im Krieg
Hass
Im Krieg

Dein Tod
Ausgemacht
Vor der Schlacht
Von deinen Feinden

Dein Glück
Kehrt zurück
Wenn der Frieden wirklich
Wird

Frieden
Oder Krieg
Gewaltsamer Tod
Oder echter Sieg

Kleiner Sarg

Wenn der Frieden siegt
Überlebt das Kind.
Denn wenn der Krieg kommt,
Wird es weggebombt.

Seine Ärmchen zerrissen
Und von den Feinden weggeschmissen.
Und sein Herz erschossen,
Weil die Generäle beschlossen.

Kleines Kind im Sarg
Grausam war dein Pfad.
Kurz war dein Leben,
Du hast es hingegeben.

Für den Ruhm einiger Männer
Lebst du nicht länger.
Weil sie Krieg wollten,
Bist du jetzt über den Wolken.

Kämpfende Menschen

Menschen kämpfen
Und fliehen vor Kriegen.

Gehasste Sachen
Werden mit Waffen
Kleingemacht ohne Rücksicht
Auf Kollateralschäden.

Die Leute häuten
Die erlegte Beute.
Manche SS Leute
Sogar Menschenhäute.

Erdbewohner toben
Und verrohen.
Alles verloren
Im Kugelhagel.

Menschen kämpfen.
Wann werden sie sich ändern?
Menschen kämpfen
Ohne Sinn und Zweck,
Bis alle verrecken
Und keiner überlebt.

Was ihr hinterlassen werdet

Nazis
Sind wieder real
Und marschieren
Hand in Hand mit
Ausländischen Fundamentalisten,
Um die Demokratie zu stürzen.
Das ist die neue Realität,
In der sich Deutschland befindet.

Wir haben einmal erlebt
Oder vielmehr unsere Großeltern
Und deren Ahnen, wozu Nazismus
Und Fundamentalismus führen.
Wenn wir sie jetzt nicht bekämpfen,
Werden wieder Millionen Menschen
Qualvoll sterben.

Ist das euer Erbe
Für die Erde und eure Erben?

Mond und Sterne in der Ferne

Das Licht
So fern.
Nur die Sterne
Mit mir.

Leid weicht
Nur im Traum.
Unsere Welt
Ein Alptraum
Am Abgrund.

Kein hoffen
Oder beten
Rettet noch.

Real ist nur
Schmerz und
Verlust.

Kalte Sonne.
Winteropfer.
Gefrorenes Land.
Verbrannte Hand
Vom ABC.

Unser Mond
Thront fern.
Seht, aber zögert
Zu helfen.

Sterben ohne Sinn.
Einziger Ausweg.

Wucherungen

Kleine Geister
Alter Zeiten
Mahnen vor dem
Weltuntergang.

Zehntausend Atomsprengköpfe
Warten in den Startlöchern
Und Verrückte drängen
An die Macht.

Seuchen kriechen
Und wir Menschen siechen.
Niemand ist geschützt
Vor der unsichtbaren Gefahr.

Das Leben nehmen
Auf tausend Wegen,
Doch nur ein Weg bringt
Leben in die Welt.

Wir Menschen
Sind müde des Kämpfens.
Doch noch glauben zu viele
An diesen Weg und
Bekriegen, was ihnen
Im Wege steht.

Unverbrochen verkrochen

Im dunklen Kellerlein
Schließe ich mich ein
Und fliehe vor einer Welt,
Die so viel Hass und Gewalt
Bereithält.

Ich bin kein feiger Mensch,
Aber müde des Kämpfens.
Ich glaube an Verstehen
Und hoffe auf Vergeben.
Doch Rache und Missgunst
Sind der Name dieser Stund.
Der Hass macht und
Diktiert uns Niederen.

Hier warte ich in Dunkelheit
Und bin zum Sturm bereit,
Wenn es nur Hoffnung gäbe
Auf bessere Wege
In dieser kalten Welt,
Die nicht mehr hat als Geld.
Hier warte ich
Auf das Sonnenlicht
Des jüngsten Tags
Oder auf mein Grab.

Friedensmunkeln

Frieden lieben
Und in Harmonie
Schwadronieren.

Vom Frieden singen
Und schön klingen
Beim Gelingen.

Frieden malen
An Sommertagen,
Wenn wir kaum
Was anhaben.

Im Frieden schwimmen,
Während wir gewinnen
Und Glück bringen.

Frieden bewahren
In tausend Jahren
Und mit erneuerbaren
Herzen strahlen.

Norm

Dort wo das Ende der Not,
Frieden ruht.
Dort wo Wahrheit weht,
Frieden lebt.

Das Ende der Lüge
Möge uns in eine
Bessere Zeit führen.

Das Erwachen
Der Liebe möge
Uns neu erschaffen.

Wo freie Menschen
Leben, werden sie nicht
Gegeneinander kämpfen.

Wo wir anfangen,
Uns zu zuhören,
Werden wir wahre
Freundschaften erlangen
Und den Frieden
Endlich wahr machen.

Ewiggestrige

Dumme krumme Sprüche
Aus alter dunkler Zeit
Schaffen es wieder weit
In den Nachrichten.

Zwei kleine Krisen
Und unsere Zivilisation
Geht flöten,
Zumindest scheint es so.

Kommunisten, Faschisten
Und Fundamentalisten
Werden wieder erhört
Und geben in manchen Kreisen
Längst den Ton an.

Die Uhr der Geschichte
Zurückgedreht und wir sehen,
Wie Paranoia und Angst
Wieder um sich greifen
Und uns erinnern
An alte dunkle Zeiten.

Nie wieder

Nie wieder Krieg
Haben Millionen geschrien
Und doch kriecht
Er gerade wieder
Durch unsere Welt
Und hinterlässt ein Feld
Der Verwüstung.

Nie wieder Morde
Wünschen sich
Alle Menschen
Und doch gibt es Orte,
An denen die Mordrate
Steigt und Attentate
Zur Normalität geworden sind.

Nie wieder Gewalt,
Dennoch knallt
Es überall auf der Erde
Und Menschen sterben,
Weil sie Opfer von Gewalt
Werden.
Nie wieder schreien,
Heißt nie wieder aufhören,
Für eine bessere Welt
Zu kämpfen.

Labore des Bösen

In den Laboren züchten sie
Arme, unschuldige Tiere
Mit angeborenen Krankheiten,
Um sie zu studieren,
Obwohl sie Wissen die Ergebnisse
Lassen sich nicht auf
Den Menschen übertragen
Und womöglich nicht mal replizieren.

Wann werden sie Menschen
Genetisch manipulieren,
Um perfekte Arbeitsbienen
Und willenlose Soldaten
Zu generieren?

Wann immer wir Menschen
Etwas erfinden,
Kommt ein Kranker
Und macht eine Waffe draus
Und dann haben wir den Graus
Und laufen um unser Leben.

Wähle Leben

Im Frieden leben,
Heißt überleben,
Denn im Krieg
Werden wir untergehen.

Der Tod
Ist unausweichlich
Und gleichzeitig
Ist der Weg dorthin
Nicht vorherbestimmt.

Wir haben die Qual der Wahl:
Wir können im Frieden leben
Oder im Krieg untergehen.

Wählen wir den Friedensweg,
Weil es sich darauf besser lebt,
Dann werden wir lachen
Und lauter schöne Dinge machen.

Nur Frieden bringt Glück.
Der Krieg tötet deine Familie
Und gibt sie nicht zurück.
Meine Wahl ist klar:
Ich wähle den Friedenspfad!

Familienfrieden

Für alle Familien
Wollen wir Frieden.
Für die Himmlischen
Und die Irdischen.

Frieden ist
Wahre Liebe
Zur Familie.

Frieden ist der Schatz,
Der Familien glücklich macht.
Frieden ist der Weg,
Auf dem wir uns
Für immer verbinden.

Im wahren Frieden
Sind Familien nicht klein
Zu kriegen.
Im freien Frieden
Können wir uns lieben
Und für immer
Glücklich bleiben.

Erst am Anfang

Zivilisiert sollen wir sein?
Bei all den Kriegsverbrechen,
die geschehen, können wir höchstens
am Anfang der zivilisatorischen
Entwicklung stehen.

Bei dem was wir sind,
Im Vergleich zu dem,
was wirklich zivilisiert
und anständig wäre,
brauchen wir noch
zweitausend Jahre
ehe wir wahrhaft eine nennenswerte
Zivilisation vorzuweisen haben.

Doch wir stehen an der Schwelle,
denn alles was war vor
dem erfundenen Jahr zweitausend,
ist die Anfangszeit des Menschenreichs
und jetzt beginnt eine neue Zeit,
an dessen Ende ein utopisches Friedensreich
uns Menschen schützt.

Verbrennt jeden Thron!

Die Lügen
Der Mächtigen.
Sie betrügen
Und rauben uns
Die Chance auf Frieden.

Unter Vorwand
Wurden so viele
Kriege gestartet.
Denn sie wollen Größe
Und dafür wählen sie
Militärische Verstöße.

Ihre Namen strahlen
Auf den Werbeanzeigen.
Ihre Taschen füllen sich
Mit Bakschisch.
Korruption
Ist ihr Lohn.
Doch Korruption vernichtet
Jede Chance für echtes
Wachstum.

Wider ihre Gier.
Wider ihren Krieg.
Wider ihren Trieb
Alles an sich zu reißen.

Grabengaben

Kummer und Sorgen
An jedem Kriegsmorgen.

Armut und Inflation
Sind des Krieges Lohn.

Hunger und Durst
Folgen der Kriegsfurt

Hass und Gewalt
Herrschen im Kriegsreich.

Krankheit und Seuchen
Werden die Krieger erdolchen.

Einsamkeit und Wahn
Entstehen aus dem Kriegskram.

Gräber und geschändete Leichen
Sind aller Kriege Zeichen.

Tote Liebe

Der Liebe Triebe
Sterben in Kriegen.

Kein Nährboden
Für zarte Gefühle,
Wenn die Welt verroht.

Des Krieges Triebe
Töten wahre Liebe.

Glaubt, was ihr glauben
Wollt, aber falls ihr Liebe
Wollt, dann müsst ihr die Kriege
Für immer verdammen.
Denn er tötet die Gefühle,
Die zu den Keimen wahrer Liebe
Reifen.

Viele Friedensziele

Nie wieder Folter
Und Terror.
Immer wieder Liebe
Und Frieden.

Mein Traum ist klein.
Könnte er wahr sein?
Könnte Frieden erscheinen
Und für immer bleiben?

Weiße Tauben
Und weiße Fahnen.
Eine Fackel mit
Dem Friedenslicht.

Ich sehne mich
Nach einer bessere Welt.
Ich strecke mich
Nach dem Frieden.

Wir sind viele
Und doch zu wenige.
Es sind zu viele,
Die von wenigen ermordet.
Viele zielen nach dem Frieden,
Zu wenige tun alles dafür.

Gaza

Wahre Pfade
Nach harten Jahren.
Geklärt der Geist
Von Hass und Neid.

Die Spirale der Rache
Ist eine Waffe
In den Händen
Gieriger Demagogen.

Das Land verbrennt
Und die Mutter
Bitterlich flennt
Mit dem verbrannten
Kind in den Händen.

Die Terroristen kamen
Und nahmen Leben.
Die Armee geht
Und übt Vergeltung.
Verlieren auf beiden Seiten
Tun die vielen,
Die nur Frieden lieben.

Irre Menschen

Jeden Tag morden und metzeln
Wir Menschen uns nieder.
Keiner weiß mehr wirklich warum.
Keiner erinnert sich mehr,
Wie es begonnen hat.

War es Hunger oder Hass
Oder nur die animalische Kraft?
Die Antwort liegt verborgen,
Doch das ändert nichts am Morden
Und dass es endlich stoppen muss:
Genug ist genug!

Wir sind fühlende Wesen und
Endlich ist unser Planet reich genug,
Uns alle zu versorgen.

Lasst uns die Wunden heilen.
Lasst uns in ein neues Zeitalter
Des Friedens schreiten ohne
Den Wahn, dass wir uns
Pausenlos totschlagen.

Verbranntes Kind

Kein Ende der Kriege
Ist in Sicht.
Wieder stirbt
Ein unschuldiges Kind.

Erwachsene streiten
Um Land und Besitz
Und die Kinderleichen
Stapeln sich.

Gewinnen tun wenige.
Verlieren fast alle.
Aber steht die Mehrheit auf
Und verbietet die Hierarchie?

Kriege warten
In den Startlöchern.
Kriegen starten
Unerwartet und plötzlich.

Immer sind es wenige,
Die davon profitieren.
Immer sind es Kinder,
Die ihr Leben verlieren.

Auf Augenhöhe

Menschen auf Augenhöhe
Zu begegnen, heißt,
Sie nicht unterzuordnen.

Gleichheit schafft Raum
Zum Vertrauen.

Wer andere für weniger hält
Und sie degradiert,
Verliert den Respekt.

Wer ständig hierarchisiert,
Schafft Gründe
Zur Unterdrückung.

Menschen sind Menschen
Und wenn sie begreifen,
Wie gleich alle sind,
Hören sie auf sich gegenseitig
Zu bekämpfen.

Bis zum äußersten Widerstand

Aufgeben
Und untergehen
Oder weitergehen
Und Widerstand säen?

Die Frage ist
Keine Frage,
Sie ist nur ein Moment
Der nackten Wahrheit.

Der Krieg klopft
An jede Tür und
Das Volk, welches im Krieg lebt,
Hat sich nur nicht stark genug
Im Vorfeld gegen die
Kriegshetzer gewehrt.

Wir müssen uns ihnen
Widersetzen und ihre Hetze
Im Keim ersticken.
Sonst wird uns das Gas ersticken
oder Kugeln unser Herz zerreißen
Oder es passiert jenen,
Die aus unseren Genen entsprossen.

Dein Leben im Krieg

Im Frieden
Den Kinderwagen führen
Und mit dem Hund
Gassi gehen.

Was würde der Krieg
Aus deinem Leben machen?
Was würde der Krieg
Für dich verändern?
Was würde der Krieg
Dir nehmen?

Plötzlich aus dem Nichts
Schlägt die Rakete des Feindes ein.
Dich kostet es nur ein Bein,
Doch dein Haus ist weg
Und unter den Trümmern
Liegt deine Familie begraben.

Die Gefahr der neuen Zeit
Liegt im ABC und damit
Meine ich nicht das Alphabet.
Jede Minute wird weitergeforscht
Und mehr Waffen produziert.
Wofür tun sie das?
Wem bringt es was?

Wilde Vögel fliegen

Wie ein Vogel fliegen
In den fernen Frieden
Und nie wieder umkehren
In die Länder der Kriege.

Mit weiten Schwingen
Die Botschaft überbringen,
Dass die Zeiten des Friedens
Endlich beginnen.

Flügel aus Stahl,
Aber Herzen aus warmer Liebe.
Des Friedens Wahl
Singen unsere Triebe.

Über den Wolken die Sonne,
Auf unsern Lippen die Wonne
Einer besseren Zeit
Ohne Kriegsleid.

Freie Vögel fliegen
In den ewigen Frieden.
Selbst ihren gefangenen Brüdern
Bringen sie die Freiheit mit.

Kranke Zeiten

In Deutschland:
Wenn wieder jeder fünfte
Die Nazis wählt
Und die Mehrheit
Der Migranten stolz
Zu den Fundamentalisten steht.

Am Abgrund
Stehen wir nicht mehr
Wegen des Klimawandels,
Corona oder des russischen Angriffskriegs,
Sondern weil Millionen
In diesem Land wieder
Kriegslüsterne, diktatorische
Strukturen unterstützen.

Dies ist das Land,
Das zwei Weltkriege gemacht
Und derzeit ergreifen die Feinde
Der Demokratie mehr und mehr Macht.

eine Mär

Schwere Wehr
Gegen die Mär
Vom Sinn
Der Kriege.

Sinnloses Los
Ist es bloß
Und raubt
Freiraum

Kein Wert
In der Mär
Vom Sieg
Durch Krieg

Wertloser Hass
Mit der Macht
Horden morden
Zu lassen

Komatöses
Zögern wird
Die Hetzer
Motivieren
Uns zu bekriegen

Ohne zögern
Ihnen zuhören
Und ihre Lügen
Entlarven

Keine Meinung

Deine Meinung.
Meine Meinung.
Das führt zum Krieg.
Wer auf seiner Meinung
Beharrt, wird hart
Und unerbittlich.

Zuhören und
Das Herz des anderen sehen
Und lernen zu verstehen,
Um darauf Kompromisse
Wachsen zu sehen.

Wer seine Meinung
Für die einzig Richtige hält,
Lockt sich selbst in den Krieg.
Wer glaubt mit seiner Meinung
Zweifelsfrei im Recht zu sein,
Wird den Krieg initiieren.

Unsere Meinung sind
Nur Momentaufnahmen.
Statt Meinungen wählt Werte,
Wie Güte und Gewaltlosigkeit,
Die bringen euch weiter.

So ist es

Dort wo der Hass endet,
Beginnen Liebe und Frieden.

Aber sind es nicht Ideologien
Wie Faschismus und Kommunismus,
Die pausenlos Hass säen
Und den Krieg predigen?

So ist es.

Sind es nicht fundamentalistische
Religionen, die mehr Krieg säten
Als irgendwas sonst?

So ist es.

Müssen wir dann diese
Ideologien und Fundamentalismen
Nicht erst für immer verbannen,
Um wirklich den Weltfrieden zu erschaffen?

So ist es!

Urmenschentraum

Ich träumte
Und erwachte.
Nachrichten
Voll mit Morden
Und Bomben.

Ich schließe meine Augen
Und beginne erneut zu träumen.
Wilde Schäume bäumen sich
Zu Friedensräumen auf.

Ein Traum so alt,
Dass keine mehr weiß,
Wann er begann:
Frieden für jeden Mann,
Jede Frau und jedes Kind
Und alles, was da noch auf Erden ist.

Träume tanzender,
Liebe pflanzender,
Im Nebel schwankender,
Bald Erwachter.

Wahre Demokratien

Will die Demokratie
Den Krieg?
Nein, falls sie eine
Echte Demokratie ist.

Macht sie Krieg,
Dann ist es eine Scheindemokratie,
Dass garantier
Ich euch.

In solch einem Land
Regiert nicht das Volk,
Sondern Ideologien,
Faschismen oder der kranke
Fundamentalismus.

Zu religiös in die Kirche
Oder Moschee gehen,
Führt statistisch gesehen
Dazu, dass Krieg ausbricht.
Das ist ein verifiziertes
Soziales Gesetz.

Tränen des Nils

Dein Gesicht
Verbrennt im Blitzlicht
Der einschlagenden Raketen.

Noch dünkst du
Dich fern von diesem Sog.
Doch es gibt viele,
Die glaubten ihre Geliebten
Nicht durch den Krieg
Zu verlieren.

Jetzt stehen sie
An deren Gräbern.
Jetzt trocknen sie
Die Tränen, die fließen
Wie der Nil.

Glaube nicht,
Dass du sicher bist.
Der Krieg ist zu gewitzt.
Glaube aber,
Dass deine Taten
Ihn aufhalten können!

Kriegskinder

Friedlich schläft mein Kind,
Weil es glücklich ist
Und wir im Frieden sind.

Weit weg weinen die Kinder,
Denn es naht der Winter
Und ihrer Häuser sind zerstört
Von den Bombenanschlägen.

Das ABC-Gewitter
Lässt Kinder erzittern.
Unschuldige Lippen,
Die starr zittern und
Dem eigenen Tod verwirrt
Ins Gesicht blicken.

Eines verliert sein Bein.
Einem verbrennt die Haut.
Eines bergen sie nur noch tot
Aus dem zerbombten Haus.

Die Realität der Kriege
Kennt nur Verlierer.
Doch es sind die Kinder,
Die am meisten verlieren.

Auserkoren geboren

In Frieden leben,
Davon träumen wir Wesen.
Warum wollen uns diesen Traum
So viele Idioten nehmen?

Wir sind geboren
Und auserkoren,
Glücklich zu sein,
Statt sinnlos zu leiden.

Nicht des Glücks Schmiede
Eröffnet Kriege.
Auch nicht der Liebe Triebe,
Sondern der Wille der Gierigen.

Wir leben unser Leben
Auf friedlichen Wegen,
Denn Frieden ist
Des Menschen Licht.
Denn Frieden bringt
Uns den größten Gewinn
Eines glücklichen Lebens.

Heile Welt

Heile Welt
Verweile
Lass mich mit
Dir treiben

Großer Strom
Des Friedens Lohn
Reiner Atem
Im eigenen Garten

Freundschaften
Statt Kameradschaften
Wahre Liebe
Fliegt im Wind

Des Lebens Sinn
Bringt den Gewinn
Nur Frieden ist
Das Licht
Heiler Menschen
Die nicht kämpfen

Eine Welt frei
Von Leid

Unfähige Politiker*innen

Am Ende bereuen
Wieder alle
Und beteuern,
Nichts gewusst
Zu haben.

Doch seit Jahren
Mehrten sich die Zeichen.
Seit Jahren
Wuchsen die Arsenale
Und seit Jahren
Wurde für den Kampf
Trainiert.

Dann kam der Krieg
Und alle waren erschüttert.

Jahrelang gab es die Chance
zu versöhnen.
Jahrelang gab es die Chance,
Eine Waffenruhe zu zementieren.
Jahrelang gab es die Chance,
Bünde zu gründen.
Jahrelang gab es die Chance,
Den sozialen Frieden zu finanzieren.
Nichts ist geschehen

Und jetzt müssen wir
Uns schockiert wieder
Babyleichen ansehen.

Traumerschaffer*

Warum nur vom Frieden träumen,
Statt ihn zu wagen?

Warum in den Schäumen
Der Fantasie schwelgen und
Sich ausmalen, wie schön es wäre,
Anstatt sich in die Hände zu spucken
Und loszulegen?

In unserer Macht,
Mit unserer Kraft
Können wir erschaffen
Und Träume
Wahr machen.

Wir sind Riesen
Und Genies.
Wir sind Abenteurer
Und weise Bibliothekare.
Wir sind Einsiedler
Und Schausteller
Auf dem alten Marktplatz.
Wir sind die Frage
Und die Antwort.
Der Anfang und das Ende.
Zwischen Tag und Nacht
Und Leben und Tod.
Wir sind die, die können
Und wollen.
Wir verändern die Welt!

Volksbegehren

Stellen wir uns den Kriegshetzern
Entgegen.
Wagen wir es gegen die Diskriminierer
Aufzustehen.
Was haben wir zu verlieren?
Nur den Frieden. Nur den Frieden.

Denn wenn wir schweigen,
Werden sie Menschen ausweiden.
Denn wenn wir uns wegducken,
Werden sie uns unterdrücken.

Weil zu wenige kämpften,
Starben die Menschen.
Dies klingt wie ein Widerspruch,
Doch Frieden kommt nur,
Indem wir etwas dafür tun.

Also lasst uns streiten
Mit den Mächtigen und Reichen,
Dass sie es nicht wagen,
Einen Krieg zu starten!

Zeitenwende

Mein Herz
Schmerzt.
Meine Liebe
Versiegt.

Es siegt
Der Krieg
In allen Winkeln
Dieser Welt.

Alle glauben wieder
Und haben vertrauen
Auf Waffen und
Brutale Akte.

Kinder verbrennen.
Mütter flennen.
Väter sterben oder
Werden zu Mördern.

Des Krieges Sieg
Lässt alle verlieren.
Glaubt an den Krieg
Und ihr werdet
Alles verlieren.

Schreckensbilder

Wage zu träumen
Von heilen Räumen
Ohne Brandbomben
Und Raketen, in denen
Sich die Menschen
Freundlich begegnen.

Des Hasses Kraft
Hat die Macht,
Kriege zu entfesseln
Und die Menschen
An ewiges Leid
Zu ketten.

Wie lange noch
Bis du in den Spiegel siehst
Und erkennst, wer du
Wirklich bist?

Du bist verletzlich:
Selbst eine kleine Kugel
Macht dich sterblich.
Du brauchst Frieden
Mehr als jedes Kind.
Nur im Frieden
Überlebst du gesund.

Was ist Frieden?

Zwei Kinder spielen neben mir
Und ich denke mir:
Das muss es sein!

Was ist Frieden?

Wie oft stellst du dir
Diese Frage?
Ich frage mich,

Was ist Frieden?

Wie wirkt das Gesicht des Friedens
Und wie fliegen Vögel im Frieden?
Wie tanzen wir im Frieden
Und wie kopulieren wir im Frieden?

Was ist Frieden?

Können wir hinfliegen
In den Frieden und herausfinden,
Was Frieden ist und wie
Der Frieden miteinander spricht?

Was ist Frieden
Und wohin müssen wir fliegen,
Um ihn zu erleben?

Wieder sterben Kinder

Wieder verrinnt ein Leben sinnlos,
Weil es das Los
Des Krieges zog.

Wieder müssen wir mitansehen,
Wie sie Kinderleben
Mit Waffen von uns nehmen.

Wieder sind wir stumm
Und wissen nicht, was zu tun,
Doch wir sind nicht dumm.

Wieder war der Krieg stärker
Und die Realität härter
Als jeder Wärter.

Wieder überlegen wir,
Was wir gegen den Krieg
Tun und gegen den Abstieg.

Wieder ist es unsere Chance
Rund um die ganze
Welt den Zwang
Des Krieges zu eliminieren.

Einheit

Nur im Frieden
Überlebt die Wahrheit.
Denn alle wissen im Krieg
Stirbt die Wahrheit zuerst.

Wir sind alle verbunden.
Wir haben endlos viel gemein.
Von Natur aus sind wir keine Feinde,
Uns vereint viel mehr.
Doch diese Wahrheit tötet der Krieg
Oder vielmehr zerstören sie
Die Kriegshetzer.

Lasst uns lieben
Auf platonischen Wegen.
Lasst uns die Kriegstreiber besiegen,
Indem wir uns alle lieben!

Lasst die Liebe blühen
Und mit ihr den Frieden.
Hass ist eine Lüge,
Um zu betrügen und
Das Recht auf ein sicheres Leben
Zu zerstören.

Friedensfurt

Dort wo Frieden ist,
Will ich sein.
Dort wo Frieden blüht,
Will ich verweilen.

Des Friedens Kinder
Sind wahre Sieger.
Des Friedens Sieger
Sind heilige Verkünder.

Friedensfurt
Als glücklichste Geburt:
Denn der Frieden führt
Direkt zum Glück.

Ich will dort sein
Und friedlich meine
Gedanken treiben lassen.
Träume werden dort
Wahr werden, wo Frieden
Lebendig bleibt.

Spiegelwelten

Frieden verweilt
Im Himmelreich
Und weilt der Frieden auf Erden,
Sind wir dabei, zum
Himmel zu werden.

In einer fernen Welt
Lebt Harmonie.
Finden wir die Harmonie hier,
Dann sind wir fern
Von der herzlosen Welt.

In dem was du bist,
Steckt ein Gedicht.
Lebst du dein wahres ich,
Dann ist alles, was du tust
Lebendige Lyrik.

Kein Kind weint ohne Grund.
Kein Krieger kämpft ohne Grund.
Und doch ist ihrer beider Wege
Ausdruck mangelnden Verstehens.
Frieden ist der Grund
Des Glücks von Kindern und Kriegern.

über den Autor:

Niemand
suchte das Nichts
Und fand niemals.